오현진의

폴댄스
피트니스

오현진의
폴댄스 피트니스

초판 인쇄   2016년 5월 10일
초판 발행   2016년 5월 13일

지 은 이   오현진
펴 낸 이   김재광
펴 낸 곳   솔과학
등   록   제10-140호 1997년 2월 22일
주   소   서울특별시 마포구 독막로 295번지 302호(염리동 삼부골든타워)
전   화   02-714-8655
팩   스   02-711-4656
E-mail   solkwahak@hanmail.net

I S B N   979-11-87124-05-4 (93690)
ⓒ 솔과학, 2016

값 13,000원

뻔한 다이어트는 가라! 이제는 Fun한 Pole Dance Fitness!

오현진의
폴댄스
피트니스

솔과학

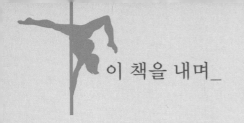

이 책을 내며_

폴핏코리아 폴댄스 협회장 오현진입니다. 저는 치과의사로 살며 오랫동안 생활체육으로서 각종 춤을 취미로 즐기던 중 2011년 어느날 폴댄스를 접한 이후 폴댄스의 매력에 점점 빠지게 되어 폴댄스 강사로서 직업을 전향하게 되었고 폴댄스 협회를 설립하기에 이르렀습니다. 개인적으로 폴댄스는 다른 어떤 운동이나 춤보다 재미있었습니다.

하지만 스포츠로서 자리잡기 위한 용어의 정립이 너무나도 필요한 상황임을 인식하고 폴댄스 관련 자료들을 수년간 참고 및 연구하여 전 세계적으로 가장 대중적으로 쓰이는 용어들로의 정립에 힘써오고 있습니다. 국내에는 폴댄스 피트니스 관련 정보를 담은 어떠한 책도 전무하였기에 그 필요성을 절실히 느끼고 2014년부터 책 출판을 계획하였으나 바쁜 일상으로 그 또한 쉬운 일은 아니었습니다.

하지만 틈나는 대로 준비하여 드디어 책을 완성하게 되었고 너무나 뿌듯하고 기쁩니다. 이 책은 사진을 기반으로 그려낸 그림책이며 역동적인 동작을 완벽하게 설명하기에는 분명 한계가 존재합니다. 또한 무궁무

진한 폴댄스 동작들을 다 담아내는 것은 불가능하다는 것 또한 당연합니다. 하지만 대표적인 폴댄스 트릭들의 명칭에 대해 이해하고 동작을 익히는 데에 큰 도움을 줄 것이며, 폴댄스를 사랑하는 여러분들과 이 책의 이점을 공유하게 된 점을 무한한 영광으로 생각합니다.

끝으로 이 책을 낼 수 있게 도움 주신 모든 분들과 그림을 그려준 김혜리님, 그리고 언제나 제게 힘을 주는 가족들에게 감사 인사를 전합니다.

2016. 4. 20.

오현진

목차_

4   이 책을 내며

1부   **폴댄스의 개요**

15   폴댄스란?
16   폴댄스의 유래
17   폴댄스의 효과 및 장점
19   댄스폴의 종류

2부   **Q&A**

25   폴댄스에 관해 흔히 묻는 질문과 그에 대한 답변

3부   **폴댄스의 기본적인 그립**

34   스플릿 그립(split grip/SG)
35   컵 그립(cup grip/CG)
36   브라켓 그립(bracket grip/BG)
37   트위스티드 그립(twisted grip/TG)
38   구스넥 그립(gooseneck grip/GG)
39   엘보 그립(elbow grip/EG)
40   포어암 그립(forearm grip/FG)
41   리버스 엘보 그립_ 비하인드(reverse elbow grip_ behind)
42   리버스 엘보 그립_ 오버헤드(reverse elbow grip_ overhead)

4부 폴댄스 피트니스 동작들

45 니홀드(Knee hold)

46 다프네(Daphé)

47 드레곤즈 테일(Dragon's tail)

48 데인저러스 버드(Dangerous bird)

49 도브(Dove)

50 데어데빌(Dare devil)

51 리스트 싯(Wrist seat)

52 뢱시(Roxy)

53 러시안 폴 피쉬(Russian pole fish)

54 러시안 레이백(Russian layback)

55 러시안 스플릿(Russian split)

56 레미(Remi)

57 레이코 스플릿(Reiko split)

58 리버스 아이샤(Reverse Aysha)

59 말리(Marley)

60 말로 스플릿(Marlo split)

61 머신건(Machine gun)

62 마리온 엠버(Marion Amber)

63 백아치(Back arch)

64 베이직 인버트(Basic invert)

65 브라스 멍키(Brass monkey)

66 브라스 브리지(Brass bridge)

67 버터플라이(Butterfly)

68 베트윙(Batwing)

69   벗홀드(Butt hold)

70   버드 어브 파라다이스(Bird of paradise)

71   비즈 니즈(Bee's knees)

72   바우 포즈(Bow pose)

73   바나나 스플릿(Banana split)

74   시팅버드(Sitting bird)

75   스콜피온/스콜피오(Scorpion/Scorpio)

76   스케이터(Skater)

77   스트레이트 에지(Straight edge)

78   스페치칵(Spatchcock)

79   사이드 수퍼맨(Side superman)

80   스콜피온 핸드스탠드(Scorpion handstand)

81   시티드 레이백(Seated layback)

82   스타게이저(Stargazer)

83   시티드 플랭크(Seated plank)

84   숄더마운트(Shoulder mount)

85   스타(Star)

86   스니키 V(Sneaky V)

87   스테그 스핀(Stag spin)

88   스완(Swan)

89   수퍼맨(Superman)

90   아이샤(Aysha/Ayesha)

91   요기니(Yogini)

92   아이언엑스(Iron X)

93   에로스(Eros)

94   알레그라(Allegra)

95 업라이트 알레그라(Upright Allegra)

96 어프렌티스(Apprentice)

97 어드밴스드 레이백(Advanced layback)

98 임브레이스(Embrace)

99 이글(Eagle)

100 이카루스(Icarus)

101 알레그라 박스 스플릿(Allegra box split)

102 익스텐디드 버터플라이(Extended butterfly)

103 엘 포즈(L pose)

104 이구아나(Iguana)

105 인버티드 D(Inverted D)

106 인버티드 크루시픽스(Inverted Crucifix)

107 인버티드 V(Inverted V)

108 인빅터스 스플릿(Invictus split)

109 일루셔니트스(Illusionist)

110 아치드 레인보우(Arched rainbow)

111 엔젤(Angel)

112 제미니/제미나이(Gemini)

113 지니(Genie)

114 자네이로(Janeiro)

115 제이드 스플릿(Jade split)

116 잘레그라(Jallegra)

117 자스민/슈팅스타(Jasmin/Shooting star)

118 체어스핀(Chair spin)

119 크로스 앵클 릴리스(CAR; cross ankle release)

120 크로스 니 릴리스(CKR; cross knee release)

121 크로스 앵클 릴리스 브리지(Cross ankle release bridge; CAR bridge)

122 큐피드(Cupid)

123 크레이들 스핀(Cradle spin)

124 클라임 업(Climb Up)

125 티 파티(Tea Party)

126 테디(Teddy)

127 타이타닉(Titanic)

128 트위스티드 발레리나(Twisted Ballerina)

129 트위스티드 스타(Twisted Star)

130 튤립(Tulip)

131 티어드랍(Tear Drop)

132 턱스핀(Tuck Spin)

133 투시 푸쉬(Tush Push)

134 플레그(Flag/Western flag)

135 폴싯(Pole sit)

136 페가수스(Pegasus)

137 피겨헤드(Figurehead)

138 플렛라인 스콜피오(Flatline scorpio)

139 포스트 스핀(Post spin)

140 펜슬(Pencil)

141 피 포즈(P pose)

142 플러스 사인(Plus sign)

143 프렛즐 스핀(Pretzel spin)

144 파이크 스핀(Pike spin)

145 파이어맨 스핀(Fireman spin)

146 플라밍고(Flamingo)

147 플로어 타이타닉(Floor titanic)

148 핸드스탠드 버터플라이(Handstand butterfly)

149 힙홀드(Hip hold)

150 허밍버드(Humming bird)

151 할로우 백 핸드스탠드(Hollow back handstand)

152 헐리우드 스핀(Hollywood spin)

1부

폴댄스의
개요

폴댄스 하는 여자는 강하고 아름답다

폴댄스란?

폴댄스는 춤과 체조가 결합된 공연 예술의 한 분야이다. 쉽게 말하면 세로로 된 철봉(폴)을 잡고 춤을 추거나, 폴을 중심으로 회전 혹은 폴에 매달려서 버티는 동작 등의 철봉 운동을 함께 해주는 것이다. 또한, 폴댄서들은 폴댄스 기량을 연마해서 근력과 유연성을 뽐내며 대중 앞에서 공연을 하기도 한다.

폴댄스의 유래

　폴댄스의 유래에 대해 잠깐 알아 볼 필요가 있겠다. 사람들이 폴(봉/장대)을 이용해서 놀이를 하거나 군중 앞에서 하는 공연에 이용한 것은 중국, 인도 등에서 수천년 전부터 행해져 왔다고 한다. 중국에서는 아주 긴 폴을 이용해서 서커스 공연같은 것을 했는데 폴과 폴 사이를 뛰어서 옮겨다니는 현란한 동작들과 중력을 무시하는 각종 동작들로 관객들의 눈을 즐겁게 했고 주로 남자들이 공연을 했다고 한다. 미국에서는 1900년도 초반에 여기저기 옮겨다니며 공연하는 서커스단에 폴을 이용한 공연이 등장하기 시작했다. 1900년대 중반부터는 서커스 무대가 점점 미국의 바나 클럽으로 옮겨가서 스트립쇼나 랩댄스 형식으로 많이 행해졌고, 1990년대에 Fawnia Mondey 라는 캐나다인이 폴댄스 운동 비디오를 처음 낸 것으로 시작해서 폴댄스는 운동의 형태로 또한 공연 예술, 시합의 형태로 점점 발전해 오고 있다.

폴댄스의 효과 및 장점

1. 빠른 시간 안에 몸매를 변화시킨다.
   - 유산소 운동과 무산소 운동이 둘 다 되며 근력과 유연성을 상당히 빠른 시간에 향상시킨다.
2. 셀룰라이트를 제거한다.
   - 폴과의 마찰로 인해 직접적으로 자극되는 부위의 피부 하방 셀룰라이트가 빠지게 된다.
3. 전신 운동이다.
   - 흔히 팔만 쓰는 운동이라는 선입견과 달리 주로 코어 근육을 쓰며 온몸 구석구석의 근육들도 함께 써준다.
4. 무궁무진한 동작들이 가능하다.
   - 똑같은 자세를 반복하는 식이 아니라 다양하고 새로운 동작들을 시도하게 되므로 재미있고 운동 효과 또한 같은 동작의 반복에 비해 더 우수하다.
5. 짜릿한 성취감이 있다.
   - 노력으로 인한 성공이 따를 때마다 그로 인한 성취감은 이루

말할 수 없을 정도로 짜릿하다.

6. 관절에 무리가 가지 않는다.

　　- 보통 동작들을 공중에서 하거나 뒤집어 져서 하게 되므로 관절에 부하가 가는 일이 없으며 관절의 가동 범위를 증가시 킨다.

고정 여부에 따라

1. 고정 폴(static pole)
   - 바닥에 고정되어 있음.
2. 회전 폴(spinning pole)
   - 내부에 볼 베어링이 들어가 있어서 폴 자체가 회전을 함.
3. 고정회전 겸용 폴
   - 나사를 조이거나 핀을 꽂으면 고정 폴로, 나사를 풀거나 핀을 빼면 회전 폴로 쓸 수 있게끔 고안된 폴.
4. 흔들 폴(swinging pole)
   - 천장이나 어떤 구조물에 달아주어 흔들거리는 폴.

재질에 따라

1. 크롬(chrome) 폴
   - 가장 흔히 쓰이는 폴 재질이므로 보통 가격도 저렴한 편이다. 그립감이 적당히 있고 적당히 미끄럽기도 하여 스핀, 기술, 드

랍 동작 등에 두루 쓰인다. 다만 크롬 재질에 접촉성 피부염을 일으키는 사람들에게는 부적합하다.

2. 스텐리스 스틸(stainless steel) 폴
   - 기본적으로 크롬 성분에 피부 알러지가 있는 사람들을 위한 폴이다. 크롬 재질보다는 약간 더 미끄러운 감이 있긴 하다. 스크레치에 강하고 부식에도 강하므로 내구성이 우수하다.

3. 동(brass) 폴
   - 열 전도성이 강한 동의 성질로 인해 체온으로 인해 데워진 동 폴은 아주 그립감이 우수하다. 우수한 그립감이 장점일 때가 많으나 드랍 동작은 무리가 있는 경우가 흔히 있다. 그리고 폴을 닦는 데 더 공이 들어간다.

4. 티타늄 폴(titanium plated pole)
   - 크롬 재질의 폴에 티타늄을 도금해 준 폴이다. 티타늄 도금을 하는 이유는 더 우수한 그립감을 위해서이다. 피부가 쩍쩍 붙는 느낌이 들기도 한다. 다만 도금 부위가 반복적인 마찰로 인해 벗겨지는 경우가 있긴 하다.

5. 파우더 코팅 폴(powder-coated pole)
   - 분체 도장 폴이다. 폴 위에 powder coating 을 해줌으로써 그립감이 우수해지고 또한 폴을 원하는 색깔로 만들 수 있다. 벗겨지는 경우가 잘 없다고 한다.

6. 실리콘(silicone) 폴 / 라텍스(latex) 폴

– 옷을 입고도 폴을 탈 수 있게끔 고안된 폴로서 기존의 폴 위에 실리콘/라텍스를 덧입힌 폴이다. 그립감이 우수하고 옷을 입고도 탈 수 있다는 장점이 있지만, 스핀 동작이나 자연스럽게 미끄러져 내려오는 동작들에는 한계가 있다. 라텍스 폴의 경우 라텍스 재질에 알러지가 있는 사람은 피해야 한다.

7. 기타

– LED 라이트가 들어오게끔 만든 glass fiber 폴도 있다고 한다. 그리고, 세월이 지나고 폴 비지니스가 더 발전하면서 폴의 재질 또한 더 창의적이고 다양하게 나오지 않을까 예상된다.

직경에 따라

1. 40mm 폴

– 손이 작은 여성들의 경우에 많이 찾는다. 폴이 얇으면 더 유리한 동작들(주로 악력이 많이 요구되어 손으로 폴을 다 감싸주어야 하는 동작들)이 존재한다.

2. 45mm 폴

– 국제 대회 규격 사이즈이며 가장 흔하게 쓰이는 직경이다.

3. 50mm 폴

– 손이 큰 사람이나 남성들이 많이 찾는다. 폴이 굵을 수록 더 유리한 동작들(다리힘을 많이 쓰는 동작들)이 존재한다.

이동여부(portability) 에 따라

1. 이동식(portable) 폴
   - 보통 가정에서는 이동식 폴을 쓰게 된다. 길이의 조절을 통해 압축(pressure)을 이용해서 설치하는 방식이다. 폴을 해체하면 들고 다닐 수 있는 가방 안에 들어가게 된다.
2. 천장 고정식(ceiling mounted) 폴
   - 높이가 아주 높은 곳이나 천장의 상황이 여의치 않은 경우나 폴 스튜디오에서 사용한다.
3. 무대 폴(stage pole)
   - 무대와 폴이 결합된 형식이다.

2부

Q&A

폴댄스 하는 여자는 강하고 아름답다

폴댄스에 관해 흔히 묻는 질문과
그에 대한 답변

Q 폴댄스는 왜 벗고 하죠?

A 피부 마찰력을 이용해야 하는 경우에 안전상의 문제 때문이죠.

Q 그럼 어떻게 입어야 하나요?

A 짧은 바지와 스포츠 브라가 가장 편합니다. 전날부터 바디로션이
나 오일 등은 바르지 마시구요.

Q 살 쓸리는 데가 아플 거 같은데….

A 새로운 동작을 시도할 때 폴에 마찰되는 부위가 아픕니다.

Q 헉. 그래요?

A 걱정마세요. 참을 수 있는 정도의 아픔이거든요. 그리고 시도할
수록 아픈 게 덜해지구요.

Q 멍도 들겠네요?

A 처음에는 자극되는 부위에 멍이 드는 경우가 흔해요. 단, 보통 멍이 아픈 식은 아니에요. 자꾸 자극되는 부위는 점점 멍이 덜 들게 되고, 나중에는 멍이 아예 안들게 됩니다.

Q 아픈 것도 덜해지게 되나요?
A 네, 익숙해진 부위는 안 아파져요.

Q 화상은 안입나요?
A 드랍 동작(위에서 갑자기 떨어지며 피부 마찰력으로 브레이크를 거는 동작)을 처음 시도할 때나 혹은 실력이 증가해서 욕심을 부리다 보면 pole burn(폴 화상) 을 입는 경우도 있지만 처음부터 고민할 문제는 아니에요. 과하지 않게 해야죠.

Q 하다가 떨어져서 다치는 경우가 흔하지 않나요? 시작하려니 무서워요.
A 초보자들은 떨어져서 다치게 되는 높이 만큼 올라가는 경우가 잘 없기 때문에 그런 건 미리 걱정 안하셔도 되구요.

Q 아 네 ㅋㅋ 김칫국부터 마셨나 봐요.
A 오히려 떨어져서 다치는 경우는 확률적으로 아주 낮구요. 그립 잡는 법이 틀리거나 힘 쓰는 요령이 잘못 되어 근육의 내상을 입는 경우가 더 흔하죠. 사실 가장 흔하게는 새로운 운동을 시작해

서 여기저기 온몸이 쑤시는 경우이죠.

Q 아 네 그렇겠네요 ㅎㅎ 매트도 깔고 하죠?
A 네, 낙상의 위험이 따르는 동작은 안전 매트를 깔고 해요.

Q 손목이나 어깨에 무리가지 않을까요?
A 그립 잡는 법을 제대로 익히는 게 중요하구요. 그리고 팔이나 어
   깨만 이용해서 매달리는 게 아니라 코어 힘을 쓰는 요령을 배워가
   며 익히는 것이라서, 손목이나 어깨 등의 근육과 인대가 강해지는
   식이지 무리가 가지는 않습니다. 다만, 어떤 운동이건 몸의 상태
   를 잘 살펴가며 해 나갈 필요는 있겠죠.

Q 뚱뚱해도 할 수 있나요?
A 당연합니다. 흔히들 폴댄스는 살부터 빼고 시작해야 한다고 말씀
   들 하시지만 체중이 많이 나가도 할 수 있습니다. 그건 전혀 고민
   할 이유가 안됩니다. 그리고 폴댄스를 즐기시다보면 체중 감량은
   덤으로 따라 올 테니까요. 폴댄스는 시간 대비 운동량이 크고 칼
   로리 소모가 높기 때문에 다이어트에 탁월합니다.

Q 유연성이 너무 없는데 괜찮을까요?
A 폴댄스의 동작들은 유연성을 요하는 식이 많이 있기 때문에 유연

성이 아주 좋아야 할 거라고 생각들 많이 하시는데요.

Q 네! 몸을 비틀어서 손으로 발을 잡고 막 그러더라구요.

A 손과 발이 안 만날 때는 밴드나 수건 등을 이용해서 시도하면 되구요. 하면 할 수록 손과 발이 가까워질 거에요. 즉, 유연성이 늘어나는 거죠. 유연성이 좋기 때문에 폴댄스를 한다기 보다 폴댄스를 하면 유연성에 도움이 될 거라는 식으로 생각해 보시면 어떨까요?

Q 근력이 전혀 없는데 다른 운동으로 근력 좀 기르고 가야하지 않을까요?

A 꼭 그렇지는 않아요.

Q 그래요? 제 생각엔, 웨이트 등을 해서 기초 체력을 기르고 시작하는 게 낫지 않을까 해서요.

A 물론 폴댄스를 잘 하기 위해서 다른 운동 형태로 근력을 기르는 것 또한 도움이 되겠지만요. 운동마다 힘 쓰는 요령이 틀리기 때문에 사실 가장 효율적인 방법은 폴로서 필요한 근력을 기르는 것이라고 생각합니다. 어떤 폴댄스 동작을 하기 위한 컨디셔닝 및 준비 동작들이 다 있기 때문에 그렇게 근력을 기르시면 됩니다. 예를 들면, 똑같은 동작이라 해도 가로 철봉에서는 잘 되는데 세로 철봉에서는 잘 안되는 경우가 있거든요. 그립만 조금 달라져도 그렇구요.

Q 폴은 어떤 걸로 닦아야 하나요? 마른 수건으로만? 잘 닦여지는 클리너가 따로 있나요?

A 시중에 폴 클리너도 팔구요. 알콜을 분사기에 넣어서 폴이나 수건에 약간 분사해서 닦아 주시면 좀 더 잘 닦입니다.

Q 알콜 사야겠네요?

A 물티슈와 마른수건(부드러운)만 이용하셔도 무리는 없습니다.

Q 집에 폴을 달았는데 너무 미끄러워요. 다니는 학원에 있는 것과 똑같은 재질의 폴을 구입한 건데 학원에서 수업할 때는 안 미끄러운데 왜 집에 설치한 것은 기름을 칠한 것마냥 미끄럽나요?

A 폴은 온도와 습도에 따라 미끄러움이 결정되는데요.

Q 아! 그래요?

A 몸과 폴이 웜업이 되어서 따뜻해진 상태이며 몸에 약간의 땀이 나서 몸이 건조하지 않은 상태에서 폴에 잘 매달려지게 됩니다. 그룹 수업 중에는 그런 과정을 거친 경우이고 집에 홀로 서있던 폴에 갑자기 매달리려고 하면 폴이 미끄러울 수밖에 없죠. 아니면, 또 한가지 ….

Q 아니면요?

A 폴을 구입한 직후에는 factory greese(공장기름)가 약간 묻어 있

을 수 있어요. 스크래치 방지 목적이죠. 처음 한 번만 뜨거운 스팀이나 뜨거운 물을 적신 수건으로 greese 를 닦아줄 필요가 있고, 한 달에 한 번 정도 폴의 때를 벗긴다는 의미로 그렇게 해주는 것도 나쁘지 않아요.

Q 집에 동 폴을 구입했는데 아무리 닦아도 거뭇거뭇한 때가 안져요. 때가 있는 곳은 좀 더 미끄러운 거 같기도 하구요. 어떻게 해야 빤짝거리게 닦을 수 있나요?

A 동 재질의 폴은 동 클리너를 따로 써 주어야 합니다. 그리고 아주 공 들여서 힘을 주어 박박 닦아 주어야 해요. 닦을 수록 광이 나는게 동이죠. 그런 면에서 관리는 좀 귀찮은 게 동폴이긴 합니다.

Q 저는 땀이 많은 체질이에요. 특히 손에 땀이 많아요. 저같은 사람에게 적합한 폴은 뭘까요? 그리고 땀 이거 어떻게 해 줄 방법이 없나요? 손에 땀 때문에 좋아하는 폴댄스를 포기할까 하는 생각이 들기도 해요 ㅜㅜ.

A 손에 나는 땀은 송진이 포함된 땀 방지제(액체 혹은 파우더)를 보통 사용해 줘요. 드라이핸즈, 마이티그립 파우더 등의 제품이 대표적이죠.

Q 그거 쓰고 있긴 한데 넘 그때 뿐이고 ㅜㅜ 땀이 손에서 막 폭발하니깐

요 ㅜㅜ.

A 긴장해서 그래요. 어떤 동작을 처음으로 시도할 때 보통 누구
나 그렇구요. 자신감이 생길 수록 땀이 나는 정도가 덜해지는
식이에요.

Q 저같은 사람에게 적합한 폴은 뭘까요?

A 땀이 많은 사람들에게는 보통 동 재질이 적합하다고 해요.

Q 땀 때문에 폴댄스를 포기하는 경우도 있나요?

A 있을 순 있겠지만, 흔하지는 않은 듯 해요. 몸에 나는 땀은 오히
려 문제가 되기보다는 그립감이 더 좋아지게 하는 경우가 보통이
고, 손에 나는 땀은 땀 방지제가 있으니까 해결 가능하고, 그리고
폴댄스 동작들에 적응하게 되면 땀이 덜 나게 됩니다.

폴댄스 하는 여자는 강하고 아름답다

3부

폴댄스의
기본적인 그립

SPLIT
GRIP(SG)

스플릿 그립

엄지와 검지를 벌려서(split)
폴을 잡는다.

컵 그립

엄지와 검지를 붙여서 폴을
손으로(손으로 컵 모양을 만들어서)
에워싸며 잡는다.

BRACKET
GRIP/BG

브라켓 그립

선반을 받치는 노루발(브라켓)처럼
우리몸(선반)을 받쳐주는 그립.
손바닥으로 폴을 밀어낸다. 검지는 땅을
향하게 해줄 수도 있고 아닐 수도 있는데.
땅으로 향한 검지가 생각 외로 큰 힘을
발휘할 때가 있어서 이렇게 아래로 향한
검지를 매직 핑거(magic finger) 라고
부르기도 한다.

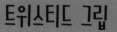

트위스티드 그립

손목을 꼬아서(twist) 잡는 그립. 처음 시도 시에는 손목의 유연성 부족으로 잡기는 하되, 힘을 주기가 어려울 수 있다. 반복 연습으로 익숙해 지도록 해야 한다.

37

GOOSENECK GRIP/GG

구스넥 그립

일명 거위목 그립. 거위(혹은 백조)의 목 모양을 닮은 그립. 손으로는 당기고 팔꿈치로는 밀어낸다.

엘보 그립

팔 오금으로 폴을 당기는 그립.

FOREARM
GRIP/FG

포어암 그립

전완(forearm/하완)으로
폴을 에워싸는 그립.

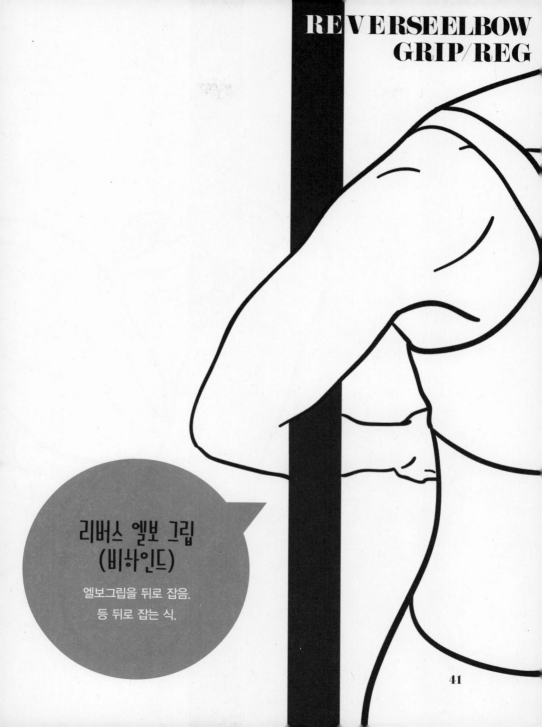

리버스 엘보 그립 (비하인드)

엘보그립을 뒤로 잡음.
등 뒤로 잡는 식.

REVERSE ELBOW
GRIP/REG

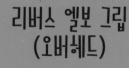

리버스 엘보 그립
(오버헤드)

엘보그립을 뒤로 잡음. 머리 위로
잡는 식.

4부

폴댄스 피트니스
동작들

폴댄스 하는 여자는 강하고 아름답다

니홀드

발등 후크는 걸어줄 수도 있고
익숙해지면 풀어 주어도 지탱이
충분히 가능해진다.

DAPHNE

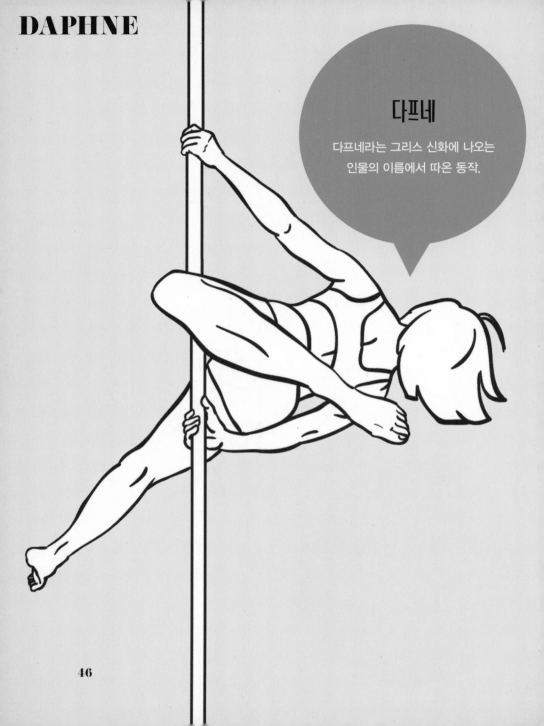

다프네

다프네라는 그리스 신화에 나오는
인물의 이름에서 따온 동작.

DRAGON'S TAIL

드래곤즈 테일

다리를 스플릿을 해줄 수도 있다.

47

DANGEROUS BIRD

데인저러스 버드

위쪽 오금 하나에 의지하는 동작,
오금을 힘있게 걸면 양 손에 자유를
줄 수도 있다.

48

도브

수퍼맨에서 보통 들어간다.
손바닥 일부로 폴을 밀어내며 아치를
더 깊게 만들어준다.

DARE
DEVIL

데어데빌

저돌적이고 무모한 사람이라는
뜻의 명칭.

리스트 싯

손목 위에 걸터 앉는 식의 동작.
무릎을 펴서 다리를 턴아웃 시켜준다.

RUSSIAN LAYBACK

러시안 레이백

위쪽 발은 플렉스 할 수도 포인할
수도 있다.

러시안 스플릿

땅바닥에서 시도하기도 한다. 두려움만
극복하면 보기에 비해서는 난이도가
낮다. 발에 땀이 나더라도 어느정도
미끄러져 내려가면서
각도를 유지해 주기만 한다면
위험하지 않다.

REMI

레미

상체를 내리지 않고 업라이트(위로 세움)
시켜준 상태는 레미싯, 상체를 내려 양
손으로 폴을 잡아준 경우를 레미 익스트림,
상체를 release(힘을 풀고 늘어뜨림)해 준
경우를 레미 레이백이라고
분류하기도 한다.

레이코 스플릿

일본의 폴댄서 Reiko 에서
따온 명칭.

REVERSE
AYSHA

리버스 아이샤

보통 스콜피오에서 들어가며 안쪽 견갑골
후면을 폴에 접촉시킨다.

말리

Bird's nest 라고도 불린다.

MARLO
SPLIT

말로 스플릿

미국의 폴댄서 Marlo Fisken 의 이름에서
따온 스플릿.

MACHINE GUN

머신건

총 모양이라는 데서 착안한 이름.

MARION AMBER

마리온 엠버

들어가는 방법은 아주 다양하다.
보통은 일명 'Heavy bum
problem'이라고 불리는 엉덩이가 무겁게
느껴지는 현상을 경험한 후 터득하게
되는 동작. 각도를 몸에 익히고
나면 의외로 쉬워진다.

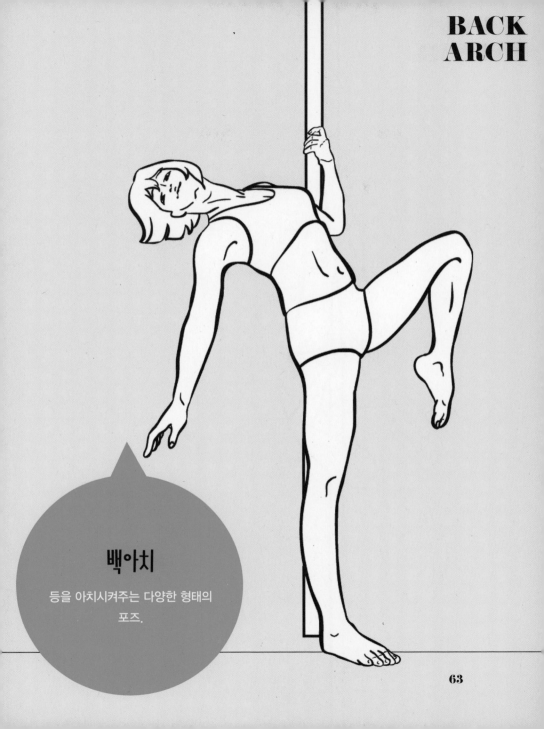

백아치

등을 아치시켜주는 다양한 형태의
포즈.

BASIC
INVERT

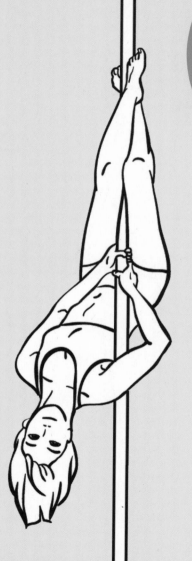

베이직 인버트

기본적인 뒤집기 자세. 무릎과 무릎
사이에 폴을 두고 조여주고, 겨드랑이
뒤쪽을 폴에 접촉시킴.

BRASS
MONKEY

브라스 멍키

동으로 만든 원숭이 인형과 같은
모양새라 하여 붙여진 이름.

BRASS
BRIDGE

브라스 브리지

흔히 브라스 멍키에서 들어간다.
골반을 폴로부터 살짝 떨어뜨린 채로
움직인다는 생각으로 해주면
안정성이 더 증가한다.

BUTTERFLY

버터플라이

그립은 다양하다.
위 다리는 오금에만 걸기도 하고 종아리
전체 길이 다 접촉시키기도 한다.

BATWING

베트윙

박쥐모양 자세. 양팔 엘보그립.
손바닥으로 허벅지 안쪽을
눌러준다.

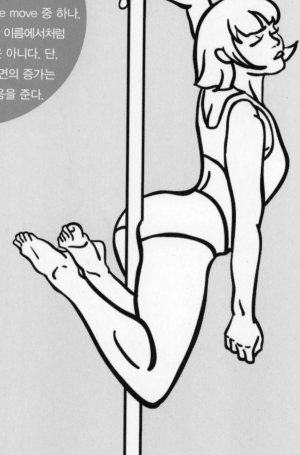

벗홀드

해마(Seahorse) 라고도 불린다. 흔히
사이드 수퍼맨에서 들어가며 호주의 폴댄서
Michell Shimmy의 signature move 중 하나.
Butt 는 엉덩이를 뜻하지만 이름에서처럼
엉덩이로 지탱하는 것은 아니다. 단,
엉덩이 부위 피부 접촉면의 증가는
동작의 안정성에 도움을 준다.

BIRD OF
PARADISE

버드 어브 파라다이스

미국의 폴댄서 Marlo Fisken 이 만든
동작으로서 upright/ inverted version 이
각각 있다. 요가에서의 bird of paradise
동작에서 이름을 따옴.

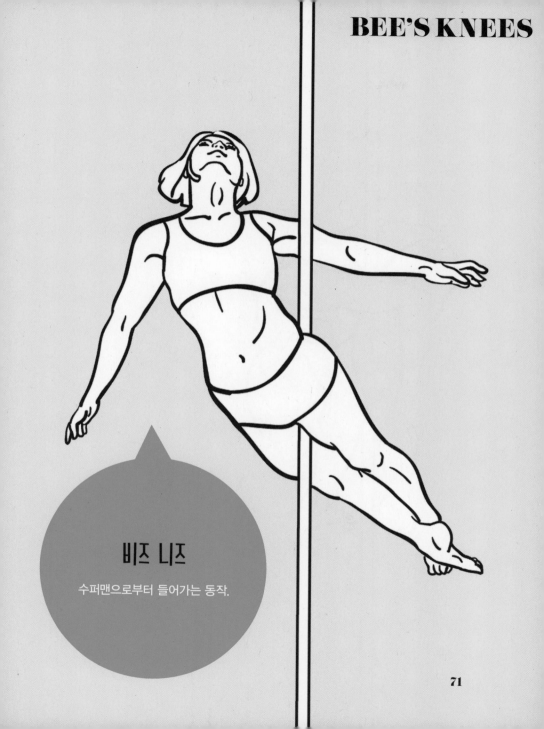

BOW POSE

바우 포즈

일명 '인사하기' 동작. 그림에서는 클라임업에서 가 주었으며 폴 싯으로부터 가 주는 경우도 흔하다. 얼굴을 무릎 가까이 가져감.

BANANA SPLIT

바나나 스플릿

머리가 아래로 가게 해주며 코가
정강이에 닿는 느낌으로 해준다.

SITTING
BIRD

시팅버드

유튜브 폴 스타 호주의 더디버디의
signature move 중 하나로서 살포시
앉아 있는 새모양이다.

SKATER

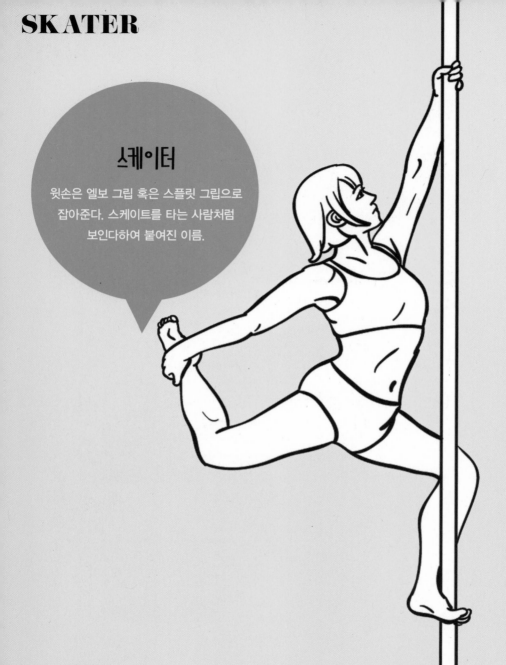

스케이터

윗손은 엘보 그립 혹은 스플릿 그립으로
잡아준다. 스케이트를 타는 사람처럼
보인다하여 붙여진 이름.

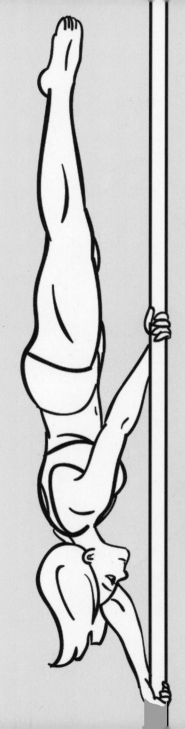

스트레이트 에지

원래 스트레이트 에지는 단면이
삼각형인 자를 뜻한다. 폴에 평행하게
몸을 자처럼 곧게 만들어준다.
여러가지 그립이 가능하다.

SPATCHCOCK

스페치칵

호주의 폴댄서 필릭스 케인(Felix Cane) 의 signature move 중 하나. 닭 등의 새 종류 요리를 할 때 배를 갈라 양쪽으로 벌려서 굽는 요리법을 spatchcock 이라 하며 모양이 비슷하여 붙여진 이름.

사이드 수퍼맨

지니로부터 들어가는 것이
일반적이다.

SCORPION
HANDSTAND

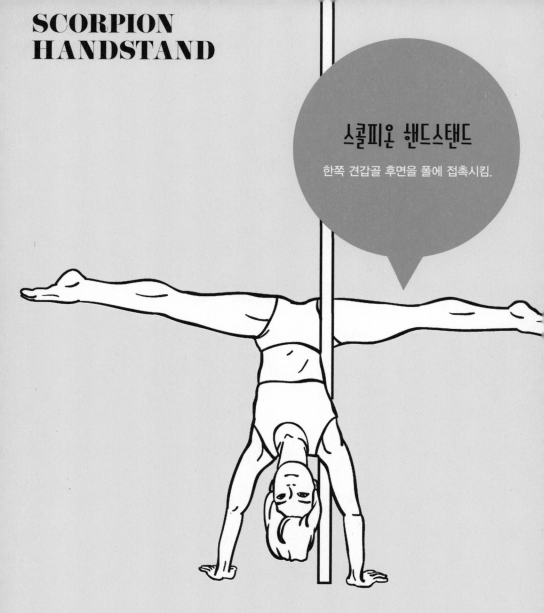

스콜피온 핸드스탠드

한쪽 견갑골 후면을 폴에 접촉시킴.

시티드 레이백

폴싯으로부터 들어간다. 상체를 반전시켜
준다. 처음 시도 시 아래 잡은 팔이
짧게 느껴지는 것은 자연스럽다. 상체를
반전시켜 주는 것에 익숙해지면서
그런 불편감이 사라지게 된다.

STARGAZER

스타게이저

밤 하늘의 별(star) 을 보는 사람(gaze:
보다. gazer: 보는 사람)이라는 뜻.

82

SEATED
PLANK

시티드 플랭크

폴싯으로부터 들어간다. 몸을 일자로
만들어 플랭크 자세를 해줌.

SHOULDER
MOUNT

숄더 마운트

한쪽 승모근에 접촉하여 몸을 들어올림.
그립은 아주 다양하게 가능하다.

스타

동작이 별모양이라 하여 붙여진 이름.

SNEAKY V

스니키 V

아이샤 동작에서 한쪽 다리를 폴과
몸통으로 만들어진 구멍 사이로 슬쩍
집어넣은(sneak in) 모양새.

STAG SPIN

스테그 스핀

에튀튜드 스핀
(attitude spin)이라고도 한다.
그림에서의 다리 모양새는 stag/attitude
라고 표현한다.

SUPERMAN

수퍼맨

폴댄스의 대표적인 동작 중 하나.
그립은 다양하다. 여러 콤보에서 약방의
감초처럼 쓰이는 동작이다.

AYSHA/
AYESHA

아이샤

아이샤라는 사람 이름에서 따온
명칭이다. 다양한 그립으로 다양한
동작이 가능하다.
다리를 스트레들(다리를 벌림)로
해준다.

요기니

요가에서의 활자세를 폴에서 해줌.
아치가 깊어질 수록 안정성이
좋아진다.

IRON X

아이언엑스

양손으로 폴을 잡고(그립 다양)
마치 철의 인간인 마냥 팔다리를 X자로
해주며 버티는 일명 '인간깃발' 자세.
차이니즈 플래그라고도 한다.

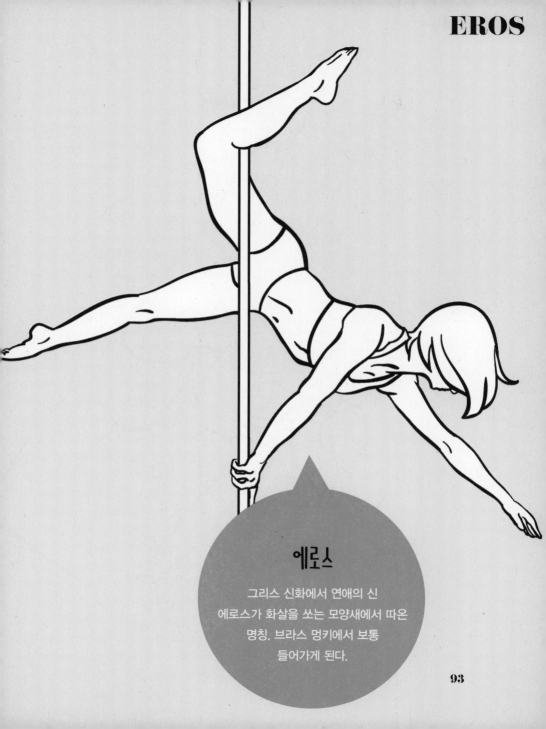

ALLEGRA

알레그라

악력과 전완근이 강해지면서
더 안정적이어지는 동작
윗손은 컵그립으로 해주기도 한다.

업라이트 알레그라

알레그라를 똑바로 세운(upright) 형태.

APPRENTICE

어프렌티스

Thigh rest 라고도 한다.
이 동작은 그 자체만으로도 하나의
트릭이지만, cradle spin 혹은
cradle pose에서 다른 동작(수퍼맨,
인버티드 D 등)으로 들어가기 전
단계로도 많이 쓰인다.

어드밴스드 레이백

흔히 하는 실수는 아랫손을 충분히 내려잡지 않아서 상체를 자유롭게 펴거나 arching(활처럼 휘게 함) 시켜주지 못하는 것이다. 발끝을 땅에 내려 꽂는 느낌으로 온몸에 긴장을 준다.

EMBRACE

임브레이스

'껴안다' 라는 뜻으로서 폴을 껴안는 모양새. 한쪽 팔에 자유를 주거나 자유의 손으로 같은쪽 다리를 잡아주는 식의 변형이 존재한다. 엘보 행(Elbow hang)이라고도 한다.

이글

독수리 동작.
호주의 폴댄서 Felix Cane 의 signature
move 중 하나이다. 허리 및 어깨
유연성을 많이 필요로 한다. 유연성
부족의 경우 뒤로 뻗은 다리에 스트렙을
걸어서 트레이닝 할 수 있다.

ICARUS

이카루스

그리스 신화에서 밀랍으로 붙인 날개로
날다가 태양에 너무 접근해서 밀랍이
녹아 바다에 떨어졌다는 이카루스라는
인물에서 따온 이름.

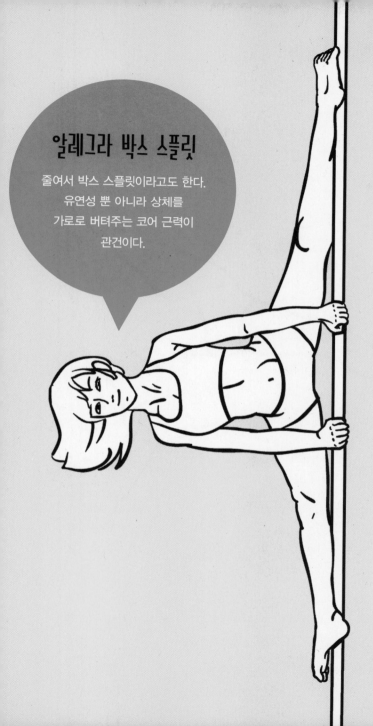

ALLEGRA
BOX SPLIT

알레그라 박스 스플릿

줄여서 박스 스플릿이라고도 한다.
유연성 뿐 아니라 상체를
가로로 버텨주는 코어 근력이
관건이다.

EXTENDED
BUTTERFLY

익스텐디드 버터플라이

버터플라이 자세에서 폴에 건 다리를
뻗어줌. 그립은 다양하다.

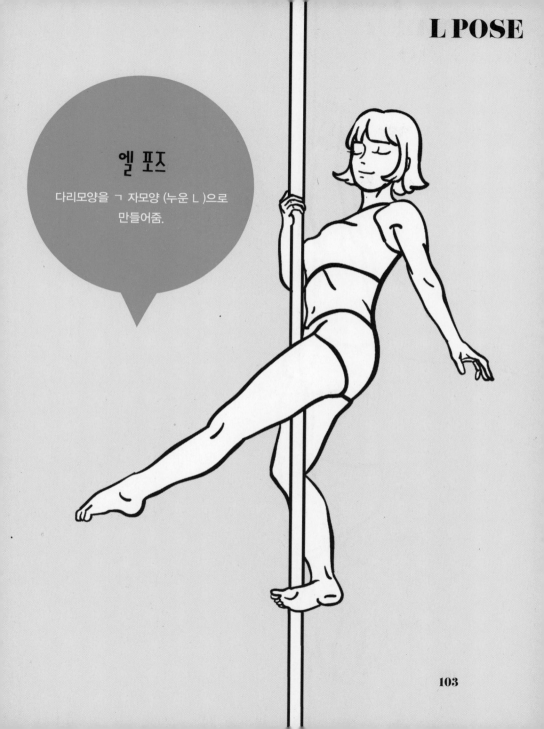

L POSE

엘 포즈

다리모양을 ㄱ 자모양 (누운 ㄴ)으로
만들어줌.

IGUANA

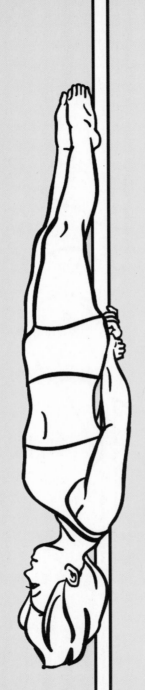

이구아나

얼굴색이 이구아나처럼 변한다하여
붙여진 이름.

인버티드 D

몸통을 뒤집어준 채로(inverted) D 자
모양을 나타내줌. 그립 다양.

INVERTED
CRUCIFIX

인버티드 크루시픽스

'뒤집어진 십자가' 자세.
척추기립근의 힘으로 상체를 폴에서 더
멀리 떨어뜨릴 수도 있다.

인버티드 V

다리를 V자 모양으로 만들며
팔을 뻗어줌으로서 등이 굽어지지
않도록 해준다.

INVICTUS
SPLIT

인빅터스 스플릿

바깥 ₩팔과 폴 사이에 상체(어깨 포함)를
끼워넣는 스플릿.

일루셔니스트

마치 마술에서 보는 일루젼(illusion)과
같은 동작이라 하여 붙여진 이름. 허벅지
안쪽과 양 발바닥으로 지탱한다.

ARCHED RAINBOW

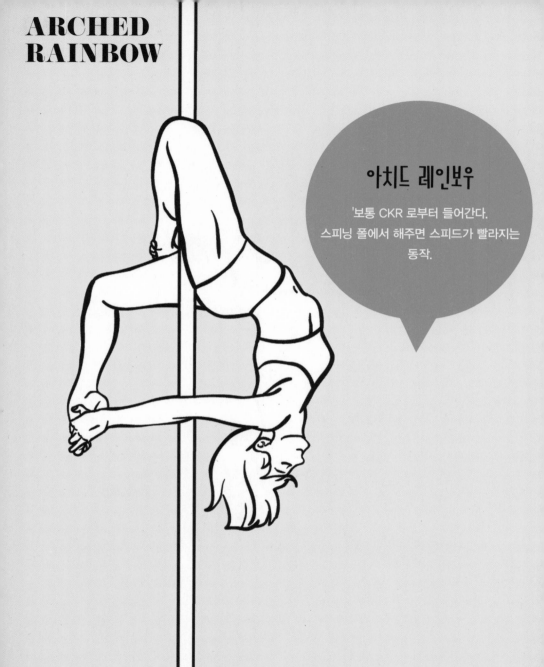

아치드 레인보우

'보통 CKR 로부터 들어간다.
스피닝 폴에서 해주면 스피드가 빨라지는
동작.

엔젤

안쪽 어깨를 폴 앞으로 빼줌.

GEMINI

제미니/제미나이

쌍둥이자리라는 뜻으로 제미나이라고
발음하기도 한다. outside leg
hang(바깥다리 걸기)라고도 흔히
불린다.

자네이로

2012년에 브라질의 리오데 자네이로에서
열린 폴댄스 월드컵 이후 전
세계적으로 급속히 퍼져나간 폴
트릭이다. 밸런싱 포인트를 잡는 것이
키인 트릭.

제이드 스플릿

폴댄스의 대표적 트릭 중 하나.
제이드 스플릿을 플렛(flat)하게
해주는 것은 많은 폴댄서들의 목표 중
하나이기도 하다.

JALLEGRA

잘레그라

제이드(Jade) 와 알레그라(Allegra) 의
합성어. 제이드 스플릿적인
요소와 알레그라적인 요소를 함께
가지고 있는 트릭.

116

JASMIN/
SHOOTING STAR

자스민/슈팅스타

손끝부터 발끝까지 일자모양을 만들어
주면 마치 밤하늘에 별똥별이
떨어지는 모양같다하여 슈팅스타라고도
불린다.

CHAIR SPIN

체어스핀

의자에 앉는 모양새의 스핀.

CAR; CROSS ANKLE RELEASE

크로스 앵클 릴리스

발목(ankle) 부위에서 다리를
겹쳐서(cross) 상체는
늘어뜨려줌(release).

CKR; CROSS
KNEE RELEASE

크로스 니 릴리스

무릎(knee) 부위에서 다리를
겹쳐서(cross) 상체를
늘어뜨려줌(release).

크로스 앵클 릴리스 브리지

CAR 로부터 들어감.
양 손바닥의 일부로 폴을 밀어내며
아치를 더 깊게 해준다.

CUPID

큐피드

손으로 정강이나 발등을 잡아 주기도
하고 놓기도 한다. 아래 다리는
발바닥 대신 종아리를 폴에
접촉시키기도 한다.

크레이들 스핀

윗 팔은 구부려 주어 거리 조절을 해주며,
아래 팔은 뻗어 주어
몸이 떨어지지 않도록
지탱해준다.

티 파티

자유의 한 손에는 찻잔을 들고 마실 수
있을 정도로 편안하게 폴에 앉아있는
느낌의 동작이라는 데서 유래된
명칭의 동작이다.

TEDDY

테디

다리를 벌리고 앉아 있는 테디베어
인형의 모양같다 하여 붙여진 이름.

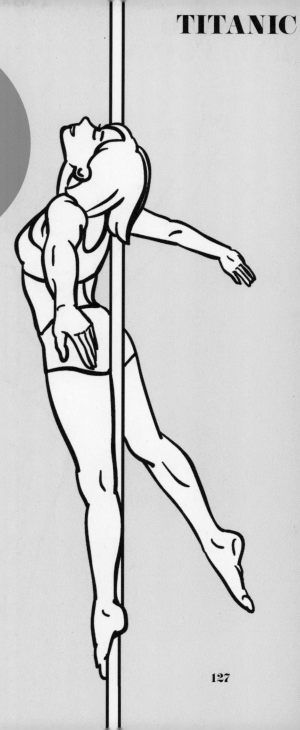

타이타닉

타이타닉 영화에서 타이타닉 호의
뱃머리에 양 팔을 벌리고 있는
여주인공처럼 보인다 하여 붙여진
이름.

127

TWISTED
BALLERINA

트위스티드 발레리나

상체는 비꼬아(twist)주며,
서로 같은 사이드의 손과 발이 만나게
해줌.

트위스티드 스타

트위스티드 발레리나에서 사지를
다 뻗어주어 별(star) 모양 혹은 불가사리
모양을 만들어줌.

TULIP

튤립

튤립 꽃을 닮은 동작. 보통 지니로부터
들어간다.

TEAR DROP

티어드랍

코가 정강이에 닿도록 한 상태.
눈물 방울(tear drop) 모양의 땅바닥
자세.

TUCK SPIN

크레이들 스핀과 몸통은 비슷하되
손이 틀리다. 얼굴과 무릎이 가까워
지도록 다리를 터킹하여(tucking) 웅크림.

TUSH PUSH

투시 푸쉬

플로어웍(floorwork) 동작 중 하나.
땅바닥에 엎드렸다가 일어날 때 취하게
되는 포즈. 가슴/무릎/발은
땅에 붙이고 꼬리뼈가 천장을 향하게
골반을 들어 올려 줌.

FLAG/
WESTERN FLAG

플레그

아이언(Iron)X를 차이니즈 플레그라고
하기도 하므로, 구별을 위해 웨스턴 플레그
라고도 부른다. 그림에서의 그립을 플레그
그립이라고 흔히 부른다.

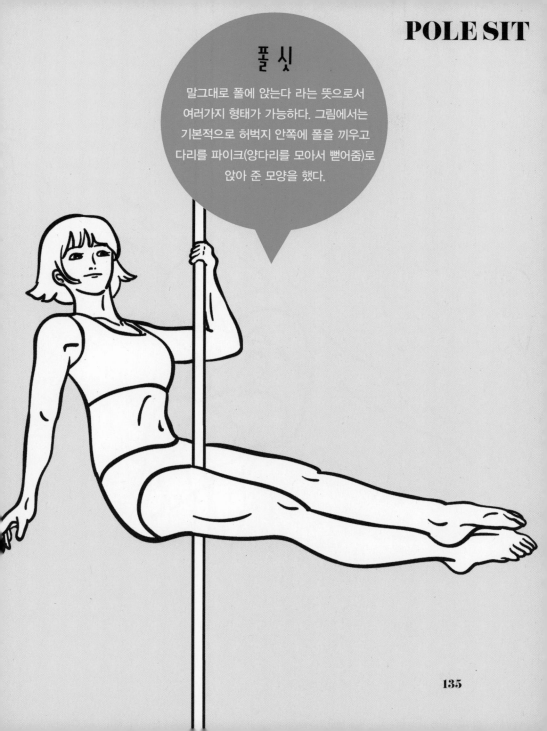

POLE SIT

폴 싯

말그대로 폴에 앉는다 라는 뜻으로서
여러가지 형태가 가능하다. 그림에서는
기본적으로 허벅지 안쪽에 폴을 끼우고
다리를 파이크(양다리를 모아서 뻗어줌)로
앉아 준 모양을 했다.

PEGASUS

페가수스

Marlo Fisken 이 만들어낸 동작으로서
위 팔은 리버스 엘보그립. 아래 팔은
구스넥 그립.

FIGUREHEAD

피겨헤드

스피닝폴에서 해 줬을 때 회전 속도가
빨라 저서 마치 빙판 위의 피겨 스케이터
같은 모양을 내는 동작.

FLATLINE
SCORPIO

플랫라인 스콜피오

머리부터 발 끝까지 플랫하게 만들어
주는 것이 포인트.

138

포스트 스핀

스핀들의 경우, 역동성을 그림으로
나타내는 데는 한계가 있었다.
아래 손으로 폴을 잡고 아래 다리를 그
손 위에 얹으면서 들어가는 스핀. 고정폴,
스피닝폴 둘 다 가능.

PENCIL

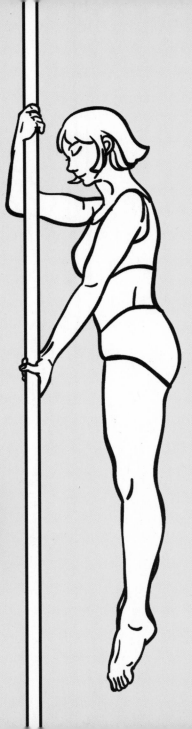

펜슬

연필이 공중에 떠 있는 모양의 자세.
그립은 다양하다.

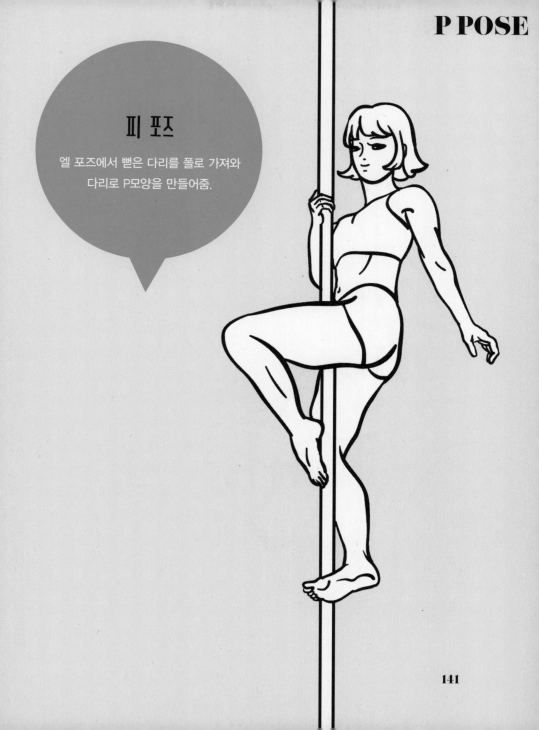

피 포즈

엘 포즈에서 뻗은 다리를 폴로 가져와
다리로 P모양을 만들어줌.

PLUS SIGN

플러스 사인

폴을 잡은 손은 놓아줄 수도(겨드랑이를
끼워줌) 있다. + (플러스) 기호를 닮았다
하여 붙여진 이름.

PRETZEL
SPIN

프렛즐 스핀

프렛즐 빵처럼 다리가 꼬여 있다고
해서 붙여진 이름. 고정폴 스핀도
가능하고 스피닝 폴에서 포즈를 잡아
주는 경우도 흔하다.

PIKE SPIN

파이크 스핀

다리를 파이크(양다리를 모아서 뻗음)
모양으로 해준 스핀.

144

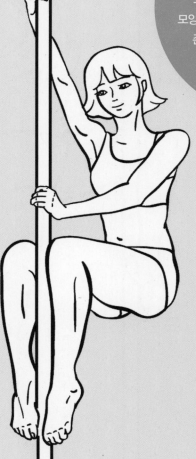

파이어맨 스핀

소방관들이 봉을 타고 내려오는
모양새 같은 스핀. 여러 가지 스타일이
존재하는데 공통적으로 양 다리
사이에 폴이 온다.

FLAMINGO

플라밍고

플라밍고(다리가 가늘고 긴 새) 처럼
한쪽 다리는 바닥에 두고 한쪽 다리는
폴에 가져가서 취하는 다양한
댄스 포즈.

FLOOR
TITANIC

플로어 타이타닉

타이타닉 자세를 땅바닥에서 해준 포즈.

HANDSTAND
BUTTERFLY

핸드스탠드 버터플라이

한쪽 다리는 폴에 걸고 한쪽
다리는 자유를 준 식. 땅에서 하는
버터플라이 동작.

힙홀드

가랑이(crotch)에 폴을 끼워줌.
다리는 파이크, 스트레들 혹은
터킹(다리를 접은 채로 무릎을 얼굴
가까이 가져옴) 해줄 수도 있다.

HUMMING
BIRD

허밍버드

허밍버드라는 작은 새 이름에서 따옴.
상체와 시선이 땅을 향한다.

HOLLOW BACK
HANDSTAND

할로우 백 핸드스탠드

물구나무 서기에서 몸통을
할로우(Hollow) 시켜줌. 다리모양에
변형을 주기도 한다.

HOLLYWOOD SPIN

헐리우드 스핀

익스텐디드 레그 스핀(extended leg spin) 이라고도 불림. 한쪽 다리를 쭉 뻗어줌.